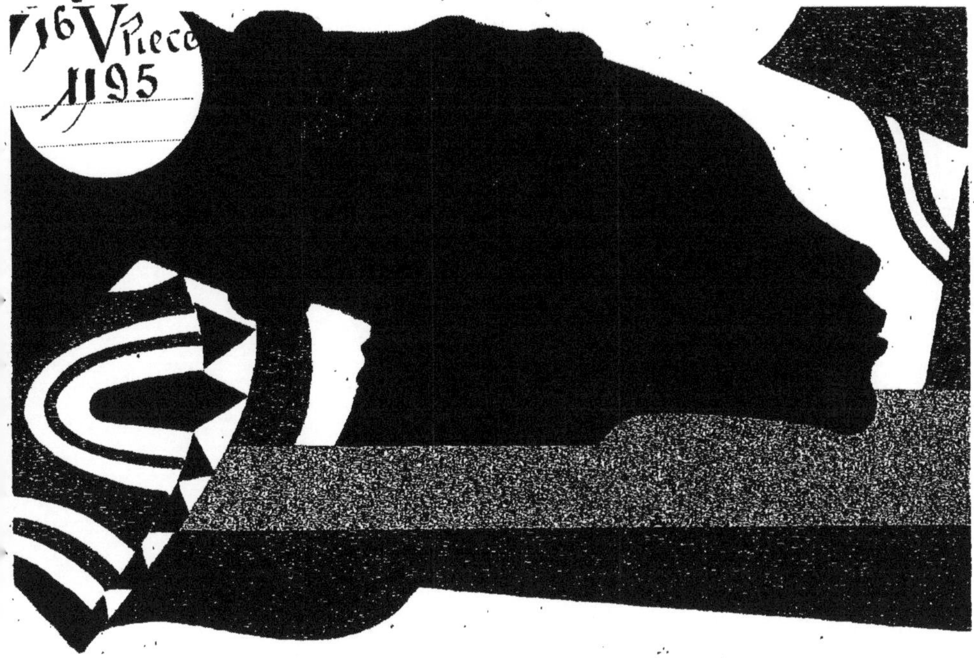

PALAIS DU LOUVRE
PAVILLON DE MARSAN, 107, RUE DE RIVOLI
Octobre-Décembre 1926

EXPOSITION DE LA CROISIÈRE NOIRE

DOCUMENTS RASSEMBLÉS PAR L'EXPÉDITION CITROËN-CENTRE-AFRIQUE

(2e Mission Haardt-Audouin Dubreuil)

PALAIS DU LOUVRE
PAVILLON DE MARSAN, 107, RUE DE RIVOLI
Octobre-Décembre 1926

Sous le Haut Patronage du Muséum National d'Histoire Naturelle
et de la Société de Géographie de France

EXPOSITION
DE LA
CROISIERE NOIRE

DOCUMENTS
RASSEMBLÉS PAR L'EXPÉDITION
CITROËN - CENTRE - AFRIQUE

2e MISSION
HAARDT - AUDOUIN DUBREUIL

ITINÉRAIRE
DE L'EXPÉDITION

L'EXPÉDITION CITROËN CENTRE-AFRIQUE (2me Mission HAARDT-AUDOUIN DUBREUIL) a rapporté de son voyage de la Méditerranée à Madagascar, par le Sahara, le Niger, le Tchad, le Congo, le Nil, les Grands-Lacs Africains et l'Océan Indien, de riches moissons artistiques, scientifiques et documentaires.

Leur vulgarisation au public a déjà donné lieu à la présentation le 2 Mars, en soirée de Gala de Bienfaisance, au Théâtre de l'Opéra, du film "LA CROISIÈRE NOIRE", qui est le récit visuel de l'Expédition et, du 7 au 23 Mai, en l'Hôtel Charpentier, à l'Exposition des Œuvres du Peintre de la Mission.

L'"Exposition de LA CROISIÈRE NOIRE" est le dernier chaînon de cette trilogie africaine. Elle a pour but de révéler au public les spécimens de la faune centre-africaine, tués au cours des chasses dans les régions giboyeuses de l'OUBANGUI-CHARI et du CONGO BELGE. Y figureront en outre, les richesses qui n'ont pas encore été présentées dans le domaine de la science (zoologie, ethnographie et minéralogie) de l'art (cinéma, photographie, dioramas) et de la documentation générale (rapports de fin de Mission).

La parution du livre, en cours de composition, sur LA CROISIÈRE NOIRE, signé par les deux chefs de Mission, sera la dernière manifestation des travaux de l'Expédition CITROËN CENTRE-AFRIQUE.

SOMMAIRE

CATALOGUE

EXPÉDITION
CITROËN - CENTRE - AFRIQUE (1)

(2e MISSION HAARDT - AUDOUIN DUBREUIL)

ART NEGRE

RÉGION DU NIGER

1 Anneaux ou bracelets en cuivre.
2 Arc Djerma avec carquois et flèches.
3 Arc Filingué avec carquois et flèches.
4 Arc Maouri avec carquois et flèches.
5 Assiette en paille tressée, servant à présenter les fruits.
6 Assiette en bois pyrogravé.
7 Bagues Djerma et Haoussa en argent.
8 Boîte à thé, en cuir.
9 Boîte à kohl.
10 Bonnet des bergers Peuhls.
11 Boubou brodé des femmes Mangas.
12 Bracelet de cheville en cuivre.
13 Bracelet en cuir Bellah.
14 Bracelet de Day.

(1) Objets classés par M. Jean MICHAUD, chargé du ravitaillement en Afrique Centrale.

15 Bracelet en marbre Kondi.
16 Bracelet en perles et cuir.
17 Brûle-parfum en terre.
18 Cadenas Touareg.
19 Calebasse en courge.
20 Carquois Haoussa, avec 3 couteaux de jet.
21 Chapeau de berger Peuhl avec dessins.
22 Chapeau de chef Djerma.
23 Chapeau de joueur de tam-tam Haoussa, recouvert d'une peau de chacal.
24 Corbeille Peuhl plate, en paille.
25 Courge pyrogravée, servant de bouteille.
26 Coussins en cuir, décorations diverses.
27 Couvertures de Dori.
28 Couvertures Peuhl.
29 Couvertures de Zinder.
30 Cuiller en courge pyrogravée.
31 Encrier de Malam Marabout.
32 Epingles à cheveux en bois, avec pointe en fer, pour femmes Haoussa.
33 Etrier Djerma.
34 Eventail en feuilles de palmier doum.
35 Eventails Djerma, Faudou et Peuhl.
36 Flûtes des Peuhls servant à appeler le taureau ou les vaches égarés dans la brousse.
37 Front de cheval en cuivre.
38 Gravure indigène pyrogravée.
39 Gri-gri en cuir, avec cordonnet.
40 Herminette en bois.
41 Lampe Djerma en terre cuite.
42 Lance Djerma pour la chasse à l'éléphant.
43 Lances.

44 Lettre Haoussa écrite sur bois.

45 Métier à tisser les tapis (petit).

46 Mil rouge, servant à teindre les peaux de filali (paquet-échantillon).

47 Oeuf d'autruche.

48 Ornement de nez.

49 Pagaie en bois, des pêcheurs du Niger.

50 Pagne de Segou.

51 Panier Haoussa tressé.

52 Panier Peuhl.

53 Pantalon Haoussa en tissu coloré.

54 Peigne de chevelure Dietko.

55 Pendentif en argent, de femme Haoussa.

56 Pipe Djerma.

57 Planchette en bois blanc, avec dessins faits par des Haoussas de Tessaoua, pour inspirer des décorations murales, et pris dans les panneaux de la résidence de Tessaoua.

58 Plat Haoussa en cuivre.

59 Poignards-bracelets.

60 Poignard Haoussa, avec gaine en cuir.

61 Porte-monnaie Haoussa.

62 Porte-prière en cuir.

63 Poterie, genre gargoulette.

64 Récipient à feu.

65 Sabre de poignet Touareg.

66 Sabre de Has.

67 Sac Touareg en cuir.

68 Sandales Touareg.

69 Selles de cheval Haoussa et Djerma.

70 Selle Touareg BALLABO.

71 Sellerie Arabe complète du Sultan de Zinder.

72 Tabatière.

75 Trompe Haoussa faite avec une calebasse et une peau de bœuf.
76 Trompette Haoussa, en écorce recouverte de peau.
77 Vase avec couvercle.
78 Vêtement Haoussa, en tissu blanc, brodé.

RÉGION DU TCHAD

79 Arc OULED GAPO avec carquois et flèches.
80 Assiettes tressées en paille, servant de plateaux à fruits.
81 Bobine de coton.
82 Bonnet brodé.
83 Boubou brodé couleur.
84 Boucle de ceinture Haoussa en argent.
85 Boucles d'oreilles Haoussa en argent.
86 Bouclier en bois d'ambach des indigènes Kanembou.
87 Bracelet en argent.
88 Brûle-parfum en bois.
89 Calebasse avec pieds, en bois sculpté.
90 Calebasse sans pied, en bois sculpté.
91 Calebasse en courge avec dessins pyrogravés.
92 Chanfrein brodé argent.
93 Chapeau de danseur Haoussa entouré de coquillages.
94 Chapelet Mangas.
95 Collier ambre et corail.
96 Coussins en cuir, de Fort Lamy.
97 Fétiche statufiant une femme Banda.
98 Flûte en corne d'antilope des bergers Haoussa.
99 Harpon de Moïssala.
100 Lance de Moïssala.
101 Mors Haoussa avec gourmette.
73 Tam-tam Haoussa se plaçant sous le bras.
74 Tambour Peuhl.

102 Œuf d'autruche transformé en bouteille, avec entourage de cuir.

103 Panier tressé.

104 Panier tressé, avec entourage cuir.

105 Poignard avec gaine.

106 Sagaie des Bahr Sara.

107 Serviette en cuir rouge de filali exécutée par les Haoussas sur les indications d'Européens.

RÉGION DE L'OUBANGUI-CHARI

108 Bêche indigène des races Songo.

109 Bracelet de genoux en osier, pour ornement des jeunes circoncis Banda. Nom OYO TOUZOU.

110 Cache-sexe des indigènes Mandjas.

111 Canne en bois, avec poignée en forme d'oiseau.

112 Canne du Sultan de Rafaï avec poignée et bout en ivoire.

113 Carquois Banda avec arc et flèches.
Noms. Arc : DJEBRE. Flèche : KOKORA. Carquois : GRIMBEDI.

114 Casque des indigènes Banda pour les fêtes de la Gan'za.
Nom KPOTO.

115 Ceinture anneaux de bois (fruit du « Kerla »).
Nom G' BEBI KERLA.

116 Chaise, dite de Batouala, origine Fort Crampel.

117 Chaise indigène, région d'Ippy.

118 Collier d'ivoire.

119 Couteau en bois, avec clochettes, servant lors de la Gan'za.
Nom KAMBA OYO.

120 Couteau indigène Banda. Nom KAMBA.

121 Couteau de jet Banda. Nom ONDO.

122 Couteau de parade gainé, avec manche sculpté. Nom OGBO-KAMBA.

123 Guitare avec caisse de résonance en peau.

124 Hache indigène Linda. Nom GOUNDA.

125 Houe indigène Linda. Nom N'GAPOU.

126 Instrument de musique à corde, fait avec une demi-calebasse. Nom KOUNDI.

127 Instrument de musique à corde, genre harpe, surmonté de deux têtes sculptées, et dont la caisse de résonance est recouverte d'une peau de singe roux. Nom KOUNDI.

128 Instrument de musique, dit " Balafon ". Nom KARANGBA ou MANDJA.

129 Lunettes servant aux sorciers Banda, au moment des fêtes de la Gan'za, origine Bambari. Nom TATARA ou OUIJERO.

130 Potiche en terre, origine Yalinga. Nom LINGA OTCHO.

131 Sagaie des Bandas, région de Grimari. Nom Oudou ou DAUDOU.

132 Specimen de bois Kopou, bois flotteur de la région de Yalinga.

133 Statuettes en ivoire : femmes Banda.

134 Tam-tam de guerre, origine Boali.

135 Tambour téléphone, ou GOUDOUGOUDOU (avec baguettes garnies de caoutchouc). Nom LINGA.

136 Trompette en bois, servant aux fêtes de la Gan'za, origine Bambari. Nom ONGO ou M'BIA.

137 Tutus en écorce battue. Nom KOUNDOU GAN'ZA.

138 Tippoys (modèle en réduction des tippoys ayant servi à MM. HAARDT et AUDOUIN-DUBREUIL dans la région de Yalinga).

139 Vases divers en ivoire.

140 Fétiches divers originaires de l'OUBANGUI-CHARI.

141 Femme indigène à genoux, pleurant un mort.

142 Femme indigène, portant son enfant sur le dos.

134 Femme Yacoma.

144 Types d'indigènes.

145 Fétiche très ancien, représentant un indigène porteur de médicament. Ce dernier aurait la propriété de momifier les morts.
146 Homme Batéké, partant à la chasse.
147 Indigène du Bas-Congo.
148 Indigène fabriquant une crosse de fusil, à l'aide d'un couteau.
149 Indigène infirme.
150 Indigène paré de sa coiffure de danse.
151 Indigène porteur d'une calebasse.
152 Indigène porteur d'un mortier à riz.
153 Indigène Yacoma aux tatouages variés.
154 Indigène de la région de Bambari.
155 Indigène M'Baca avec sa charge sur la tête.
156 Joueur de tam-tam Banda.
157 Joueur de tam-tam Yacoma.
158 Joueur de tam-tam Zindé.
159 Masques en bois.
160 Massue en bois colorié.
161 Statuette représentant un missionnaire.
162 Sorcier indigène.
163 Vieillard Dackpa atteint d'éléphantiasis à la tête.
164 Vieille femme indigène.

CONGO BELGE

165 Arc de chasse Diri avec carquois et flèches, origine Bangba.
166 Arc Matshaga avec carquois et flèches. Chefferie Okondongwe.
167 Assiette en terre de la race Mongelima. Nom ANBANDJESE.
168 Assiette des pêcheurs BAKANGOS. Nom Ebraïe Babra.
169 Assiette N'gié. Race Bamanga.
170 Bouclier des indigènes Mangbeles Mangbetous et Mangelima, avec couteau de jet et une peau d'animal. Nom N'GABO.

171 Bouclier Pua.
172 Bracelet de cheville.
173 Bracelet en perles de cuivre.
174 Broche servant à la cuisson des aliments. Nom NEZOZO.
175 Casserole indigène en courge. Nom BAGANDI.
176 Ceintures de femmes en perles de fer et de cuivre. Territoire M'Gombari. Nom KOBOBO.
177 Ceinture de femme en dents de chien. Nom BIATJESE.
178 Ceinture de femme Balamba en perles, avec longues pointes d'acier.
179 Ceinture d'homme en osier. Nom KUDU.
180 Ceinture indigène en peau d'okapi. Territoire M'Gombari.
181 Ceinture en peau de buffle, avec couteau et gaine. Chefferie Kodiamala.
182 Ceinture en peau d'un petit animal, nommé Niemere, dont la queue est terminée par une touffe de plumes rouges. Chefferie Okondongwe.
183 Chaise Mangbetou (Kiti).
184 Chaise N'gula.
185 Chaise Kangaba (en bois N'gula). Race Bâmanga.
186 Chaise Logo. Race Bamanga.
187 Chaise Lokomege.
188 Chaise à 4 pieds Lokomogo Mangelima.
189 Chapeau du chef Ikondongwe, avec touffe de plumes rouges Nom PAPRALI.
190 Chapeaux des indigènes Mangbetous Mangbeles ; Aborambo.
191 Chapeaux en paille, avec touffe de plumes. Venant d'une femme de chef. Nom BONI.
192 Chapeau en peau de léopard, garni de plumes. Nom N'BUAPU.
193 Chapeau Alikolopu en peau de singe brun.
194 Chapeau Hanopo en peau de singe noir.
195 Chapeau Kobupu en peau de singe roux.

196 Chapeau N'Bolopo en peau de singe aboyeur.
197 Chasse-mouches en poil de buffle.
198 Clochettes en fruits séchés pour danses. Nom TASELLI.
199 Cor Akpa, fait d'une défense d'éléphant.
200 Corne d'antilope, servant aux indigènes à donner des lavements. Nom AKOKA (Race Bamanga).
201 Couteau tout en ivoire, avec poignée représentant un oiseau.
202 Couteau tout en ivoire, dont le manche est surmonté d'une tête de femme égyptienne.
203 Couteau M'Bili des indigènes Madi, territoire Amadi.
204 Couteau Nomativo M'bili. Sert pour dot de femme.
205 Couteau zobia-zobia avec fil de cuivre. Arme des indigènes Mangbetous.
206 Couteau zobia-zobia de guerre, avec manche en bois, des indigènes Mangbetous.
207 Couteau zobia-zobia de guerre, courbe, manche en bois garni de fer des indigènes Mangbetou.
208 Couteau zobia-zobia de guerre, Mangbetou avec manche ivoire.
209 Couteau zobia-zobia. Arme des indigènes Medjes.
210 Couteau zobia-zobia avec manche en ivoire.
211 Couteau Azande.
212 Couteau servant à fabriquer les flèches.
213 Couteau Sapi, s'attachant à la ceinture.
214 Couteau servant aux femmes indigènes à fabriquer les negbes.
215 Couteau Matshaga.
216 Couteau du chef Kabaka (tuteur du chef Gasa). Race Mangbetou.
217 Couteau Bounga. Race Bamanga.
218 Couteau Kamaïdi. Race Bamanga.
219 Couteau de jet. Nom PWINGA.
220 Couteau de chasse. Nom GONGOKUPE.
221 Couteau Lebando.

222 Couteau Monboteur.
223 Couteau Lebutu.
224 Couteau Polome.
225 Couteau Kese Lokelles.
226 Couteau Poruma Mangelimas.
227 Couteau indigène courbe, avec manche en ivoire (genre zobia-zobia).
228 Courge servant à puiser l'eau. Nom N'gala.
229 Costume complet de Gala des femmes Mangbetous. (Un morceau de tissu en fibre teint en rouge, un nebiri, une ceinture en métal et un chapeau en paille avec plumes).
230 Costume de travail des femmes Mangbetous, se composant d'un negbe, d'une ceinture en paille et d'un nebiri.
231 Crécelle ou NEZEZE. Instrument de musique Mangbetou.
233 Cuiller en bois Mangbetou. Nom EPRAPRA.
233 Emballage ayant servi au transport du tam-tam de marche Kwo-Kwo.
234 Emballage ayant contenu des mortiers Biu.
235 Epingles à chapeaux en ivoire (pour chapeaux de chefs).
236 Epingles à chapeaux en bois.
237 Entonnoir en paille.
238 Gaine de couteau Kele. Nom FAKA.
239 Gargoulettes.
240 Garnitures de femmes Matshaga Mangbetous (negbes et nebiris).
241 Gobelet en courge. Nom KABA. Race Bamanga.
242 Gourde servant à récolter le vin de palme.
243 Gri-gri à 7 motifs.
244 Hache Azande. Nom BONO.
245 Herminette des indigènes Matshaga pour le travail de la terre.
246 Hotte des femmes indigènes de la forêt équatoriale. Nom N'ZE

247 Instrument de musique en ivoire, avec caisse de résonance en peau de serpent, genre guitare.

248 Instrument de musique, genre crécelle, servant d'accessoire pour la danse.

249 Instrument de musique avec caisse de résonance en peau, et dont le corps en bois est surmonté d'une tête de femme Mangbetou.

250 Instruments de musique des gens d'eau de la race Bamanga. Nom N'GOMBIGE.

251 Instrument de musique à l'usage des indigènes de l'Afrique Centrale.

252 Instrument de musique avec caisse de résonance en peau, surmontée d'un corps en bois en forme de demi-cercle, et sur lequel sont tendues trois cordes.

253 Instrument de musique : tambour et tambourin portatifs de guerre.

254 Insigne du chef Kodiamala, fait d'une peau de chat sauvage avec plume rouge. Cet insigne se porte à la ceinture.

255 Insigne de noblesse en queue de léopard. Nom BIUPU.

256 Ivoire ouvragé, dont les motifs sont taillés dans une défense d'éléphant.

257 Jatte en courge, servant aux indigènes Mangbetous de la Chefferie Gasa, à boire le vin de palme.

258 Lacet fabriqué par les indigènes Mangbetous, de la Chefferie Gasa, territoire de Rungu. Le Chef se coiffe et cache ses cheveux avec ce lacet.

259 Lance d'apparat. Nom LIKONGA.

260 Lance de chasse. Nom BEIGUGU.

261 Lance de guerre. Nom BASSO.

262 Lance de guerre Azande pour guerrier de marque.

263 Lance de mariage Aboma.

264 Masques en bois pour danses.

265 Mortier Biu. Nom KINO et son pilon : Nom SOWALE.

265 *bis* Nattes en raffia. Travail exécuté par les indigènes de l'Afrique Centrale.

266 Pagaie des pêcheurs Bakango.

267 Pagaie des indigènes Mandalima à Bengamissa.

268 Panier indigène. Nom LIGOGO.

269 Paniers Imbe Babra.

270 Peigne indigène.

271 Pipe des indigènes Bangbas.

272 Pipe Liboka.

273 Pipe des pêcheurs Bakango.

274 Pipe Yenganbule.

275 Plat en bois. Nom KOLOMBE.

276 Plat en terre avec manche en bois. Nom PVRALA BABRA.

277 Poignard (deux petits poignards assemblés).

278 Porte-coran des Arabisés. Nom MALOFAO.

279 Porte-monnaie en bois.

280 Pot en terre des races Medjes.

281 Poteries Mangbetous, forme vase.

282 Poteries Mangbetous avec têtes indigènes.

283 Rasoir indigène. Nom LOMBO.

284 Récipient à eau. Nom NEMBONBO. Bangba.

285 Récipient en terre cuite, servant à la cuisson des aliments. Nom N'DOTY. Race Bamanga.

286 Sabots sandales des Arabisés de la région de Niangara. Nom AKANDANGE.

287 Sabots du chef Gasa. Race Azande. Nom M'BITEI.

288 Sabre. Nom BOUNGA.

289 Sel pour achat de femme.

290 Sifflet. Territoire de M'GOMBARI.

291 Table fabriquée par les indigènes Mangbetous.

292 Tam-tam avec poignée représentant des têtes de femmes Mangbetous.

293 Tam-tam de marche Mangbetou. Nom Kow-Kow.

294 Tam-tam des races Azande. Niangara.

295 Tam-tam de marche de la chefferie Ganzi. Race Mangbetou Nom Kow-Kow.

296 Tambour Bamango. Nom KEMBELE.

297 Tambour de guerre portatif. Nom BOBO.

298 Tambour des Arabisés N'soma. Race Bakassu.

299 Tamis des races Mongolima. Nom ANBANDJESE.

300 Tissu en écorce de faux-figuier, fabriqué par les indigènes de la forêt équatoriale pour servir de pagne aux femmes. Nom de l'arbre : N'GOMBÉ.

301 Trompe en bois, recouverte d'une peau de buffle. Territoire Gombari.

302 Trompe en ivoire, recouverte d'une peau de serpent.

303 Vase en paille (petit).

304 Vase servant aux N'gula. Rouge de bois dont se couvrent les indigènes pour les danses.

305 Chasseur indigène avec fusil et couteau.

306 Eléphant en ébène.

307 Boy.

308 Femme Basalissu. Bamanga. Race Azande.

309 Femme indigène portant une charge sur la tête.

310 Fétiche taillé dans le bois du parasolier, et représentant une femme Zobi.

311 Groupe d'un singe et de deux oiseaux.

312 Homme Basalissu. Bamanga. Race Azande.

313 Indigène Bas Congo.

314 Indigène et ses tatouages.

315 Indigène à l'affût.

316 Masques.

317 Porteur de bananes.
318 Sorcier.

EST-AFRICAIN ANGLAIS

319 Canne avec poignée sculptée représentant un fétiche.
320 Lances.
321 Tambours indigènes avec 2 baguettes.

NYASSALAND

322 Bracelet en paille. Nom ISINDE.
323 Coiffure en plumes pour danse. Nom NJUKULA.
324 Cuiller en bois. Nom THIPONDE.
325 Hache. Nom CHIBEMBA.
326 Instruments de musique. Noms LIMBA, PANJO et KALIGO.
327 Métier à tisser.
328 Pipe en bois, avec son fourreau en peau de chat sauvage. Nom THIKOLOLO.
329 Sac en ficelle. Nom SANSI.
330 Tabatière faite d'une peau d'animal. Nom PHUKO.

MADAGASCAR

331 Abat-jour en raphia.
332 Bateau fabriqué par les Hindous et servant aux indigènes Malgaches.
333 Boîtes à cigares en bois divers du pays.
334 Cannes en bois sculpté.
335 Chapeaux en raphia, couleurs diverses.
336 Collier en os, à motifs carrés.
337 Coupe-papier en os.
338 Crocodile en corne.
339 Dessus de table en raphia, couleurs diverses.

340 Dessus de table en soie écrue. Nom Lamba.
341 Eléphant en bois d'ébène, origine Côtes de l'Océan Indien. Dar-es-Salam.
342 Epingles en ivoire, avec têtes ouvragées.
343 Fauteuil reproduisant, en réduction, ceux fabriqués par les Malgaches.
344 Hippopotame en bois d'ébène, origine Côtes de l'Océan Indien. Dar-es-Salam.
345 Instruments de musique indigènes. Nom Vali.
346 Jouets indigènes en bois.
347 Portières ajourées en raphia.
348 Porte-brosse brodé en raphia.
349 Plat en bois, avec peinture représentant un paysage Malgache.
350 Rhinocéros en bois d'ébène. Origine Côtes de l'Océan Indien. Dar-es-Salam.
351 Stores en raffia peint.
352 Sac en raphia, genre travail au crochet.
353 Statuettes en terre, représentant des indigènes Malgaches.
354 Tableau peint sur raphia, représentant la résidence générale, la gare de Tananarive, le palais du 1er Ministre et le Palais de la Reine.
355 Tableaux peints sur toile blanche.
356 Tissus brodés, en soie colorée.
357 Tapis de table coton, lin et soie. Nom Lamba.

PREMIÈRE TRAVERSÉE DU SAHARA EN AUTOMOBILE DE TOUGGOURT A TOMBOUCTOU PAR L'ATLANTIDE

358 Boîtes en corne.
359 Bottes en cuir rouge.
360 Boucliers Touaregs, en peau d'oryx.

361 Coffret en cuir, pour café et thé.
362 Corbeilles plates, servant à présenter les fruits.
363 Coussins ronds en cuir.
364 Couverture Dokkali du Touat.
365 Couverture de Dori.
366 Couverture de Gao.
367 Couverture Millala.
368 Couverture des Peuhls.
369 Couverture de Segou.
370 Couverture de Tombouctou.
371 Epées franques ou TAKOUBAS des Touaregs.
372 Gri-gri en cuir Marabout.
373 Jupes en cuir Touaregs.
374 Lances Touaregs.
375 Œufs d'autruches habillés.
376 Œufs d'autruches simples.
377 Porte-monnaie en cuir.
378 Sabre de poignet, ou GOUZMA Touareg.
379 Sac en cuir de filali.
380 Sandales ou marcoubes en cuir.
381 Selles de chameaux ou RAHLAS Touaregs.
382 Tapis marocain.

CARTOGRAPHIE (1)

383 Itinéraire de l'Expédition Citroën-Centre-Afrique.
(2e Mission Haardt, Audouin-Dubreuil).

384 Carte des régions giboyeuses parcourues par l'Expédition Citroën-Centre-Afrique.

(1) D'après les documents rassemblés par le Commandant Bettembourg, adjoint au chef de Mission.

CINÉMA [1]

385 Tous les jours, projection de films documentaires.

(Consulter l'affiche placée à l'entrée de la salle de projection.)

(1) Avec les éléments rassemblés par M. Léon POIRIER, chargé de la documentation cinématographique de la Mission.

Opérateur de prises de vues : Georges SPECHT.

DOCUMENTATION GENERALE BIBLIOGRAPHIQUE (1)

386 1er Rapport de fin de Mission de l'Expédition CITROËN-CENTRE-AFRIQUE, et lettre d'envoi au Président de la République.

387 2e Rapport de fin de Mission de l'Expédition CITROËN-CENTRE-AFRIQUE (Rapport économique) adressé au Ministre des Colonies.

388 3e Rapport de fin de Mission de l'Expédition CITROËN-CENTRE-AFRIQUE (Rapport aéronautique) adressé au Sous-Secrétaire d'Etat à l'Aéronautique.

389 4e Rapport de fin de Mission de l'Expédition CITROËN-CENTRE-AFRIQUE (Rapport sanitaire) adressé au Ministre des Colonies.

390 5e Rapport de fin de Mission de l'Expédition CITROËN-CENTRE-AFRIQUE (Le grand tourisme et la chasse en Afrique) adressé au Ministre des Colonies, à l'Automobile-Club de France, au Touring-Club de France et au Saint-Hubert-Club de France.

391 La Première Traversée du Sahara en automobile. De TOUGGOURT à TOMBOUCTOU, par l'ATLANTIDE.

392 Articles de Presse française et étrangère sur l'Expédition CITROËN-CENTRE-AFRIQUE.

(1) Avec les documents rassemblés par le Commandant BETTEMBOURG, adjoint au chef de Mission.

GEOLOGIE ET MINERALOGIE

394 Echantillons géologiques et minéralogiques rapportés par l'Expédition CITROËN-CENTRE-AFRIQUE (Prospection du Commandant BETTEMBOURG et de l'Ingénieur BRULL, dans le district du DAR KOUTI ORIENTAL. Colonie de l'Oubangui-Chari, Afrique Equatoriale française).

PEINTURE

395 Peintures et dessins divers de M. Iacovleff, peintre attaché à la Mission.

PHOTOGRAPHIES [1]

SALLE A

396 Photographies prises dans la région saharienne (Sahara, Oasis, Tanezrouft, Niger, Tchad).

SALLE B

397 Photographies prises dans la région de la Savane (Oubangui-Chari, Kenya, Tanganyka, Nyassaland).

SALLE C

398 Photographies prises dans la région de la Forêt équatoriale (Oubangui, Congo Belge).

(1) Photographies prises au cours de LA CROISIÈRE NOIRE, par les Membres de l'Expédition Centre-Afrique.

RECONSTITUTIONS ETHNOGRAPHIQUES (1)

399 Femme Mangbetou coiffant la favorite du Chef. Région de Niangara. Haut-Uelé (Congo Belge).

400 Femmes Sara DJINGE (femmes à plateaux). Région de Fort-Archanbault (Oubangui-Chari).

401 Les MAMVUTI (Pygmées) dans la Forêt Equatoriale. Région d'Arebi (Congo Belge).

402 L'autochenille « LE SCARABÉE D'OR », du chef de la Mission.

BUSTES

403 Homme SARA.

404 Femme BANDA (Oubangui-Chari).

405 Indigène BANDA coiffé pour la GAN'ZA.

406 Femme DEHENDI à BANGASSOU (Oubangui-Chari).

407 Boullo, Sorcière de BENGAMISSA, race Mangèlima (Congo Belge).

408 Homme LUGUARE (Haut-Uelé).

409 MARUKA, chef LOGO (Haut-Uelé).

410 MELIMASSIKINI, Sorcier BALEKA.

410 *bis* NOBOSODRU, première femme de TUBA, chef Mangbetou. (Région Niangara). Exécuté par M. Heng.

---

(1) Reconstituées sous la direction de M. Léon POIRIER.
Les dioramas ont été réalisés par M. Maurice MARÉCHAL.
Les bustes, par le Musée Grévin, LAPLAGNE, sculpteur.

ZOOLOGIE & ENTOMOLOGIE [1]

RÉGION SUD-SAHARIENNE ET DU NIGER

411	Gazelle des sables	tuée à Tessalit	13 Novembre
412	Peau de gazelle	— Bourem	18 —
413	Grue couronnée, dite Oiseau Trompette	— Gao	20 —
414	Vautour	— Ansongo	21 —
415	Peaux de gazelle ordinaire	La Bezanga	22 Novembre
416	Peau de gazelle harnachée	—	—
417	Lynx	Tillabéry	—
418	Zorille Putois	—	—
419	Vitrine petits oiseaux du Niger	de Niamey à Zinder	23 Novembre au 8 Décembre
420	Cornes de gazelle du Niger	Niamey	23 Novembre
421	Aigle pêcheur du Niger	—	
422	Fausse aigrette ou Pique Bœuf	—	
423	Milan des villages	—	
424	Oiseau Trompette (Grue couronnée)	—	
425	Râle d'eau	—	23 Novembre
426	Chat tigre du Niger	Farca	24 Novembre
427	Tortue terrestre	Niamey	—

(1) Les pièces de Zoologie et d'Entomologie ont été préparées et montées sous la direction de M. Eugène BERGONIER, chargé du Service Médical et Taxidermiste de la Mission.

428	Outarde du Niger	Niamey	24 Novembre
429	Héron gris cendré du Niger	—	—
430	Canard armé du Niger	—	—
431	Echassier spatule des grands fleuves	Dosso	—
432	Serpent python sur branche	Niamey	—
433	Peau de civette	Dogondoutchy	25 Novembre
434	Faucon gris du Niger		
435	Perroquet You You, du Niger		
436	Bécasseau		
437	Corneille merle métallique		
438	Busard		
439	Gazelle bébé		
440	Pluvier d'Afrique	Niamey	
441	Vanneau		
442	Ibis à bec rouge	Niamey	
443	Ibis noir		
444	Chat tigre	Dogondoutchy	25 Novembre
445	Hyène mouchetée	Zinder	8 Décembre
446	Coq de sable		

RÉGION DU TCHAD ET DU CHARI

447	Antilope gazelle Addra	Rufficolis du Tchad-N'guigmi	13 Décembre
448	Vitrine oiseaux du Tchad	de N'guigmi à Fort-Lamy	du 13 au 20 Décembre
449	Chat sauvage du Tchad	Fort-Lamy	20 Décembre

450	Peaux de gazelle ordinaire	Bol	26 Décembre
451	Peaux de gazelle harnachée	Fort-Lamy	
452	Tortue terrestre		
453	Aigle pêcheur du Chari	Djimtile	27 Décembre
454	Phacochère (tête)	—	—
455	Plongeon de rivière (Chari)	—	—
456	Caïman du Chari	Fort-Lamy	28 Décembre
457	Caïman du Chari		
458	Peau de panthère		
459	Peau de guepard		
460	Eléphant bébé	Fort-Archambault	6 Janvier
461	Rhinocéros noir (tête)		
462	Rhinocéros noir		
463	Elan dit du Cap (massacre)		

RÉGION DE L'OUBANGUI

464	Rat palmiste du Kanem	Mao	20 Décembre
465	Serpent cracheur de l'Oubangui	Bangui	12 Janvier
466	Hippotrague (tête)		
467	Pangolin		
468	Vitrine petits oiseaux de l'Oubangui	de Bangui à Bangassou, par Birao	12 Janvier au 15 Février
469	Tortue	Bangui	15 Janvier
470	Léopard de l'Oubangui	Bambari	25 Janvier
471	Peau de panthère	Grimari	26 Janvier
472	Biche rouge, dite biche cochon	Bria	28 Janvier

473	Lion du Bahr el Gazal	Am Dafock	15 Février
474	Chat tigre	—	—
475	Kobus Ellyps mâle	—	—
476	Kobus Ellyps femelle	—	—
477	Daim des marais	—	—
478	Défenses éléphant du Bahr el Gazal	—	—
479	Python serpent enroulé	—	—
480	Massacre d'antilopidés	—	—
481	Têtes de Korrigum	—	16 Février
482	Têtes d'antilopes Jackson	—	—
483	Têtes d'antilopidés	—	—
484	Peaux de Kobus Ellyps	—	—
485	Cigogne JABIRU	—	—
486	Lézard veron du Bahr el Gazal	—	—
487	Calao de savane	—	—
488	Pied d'hippopotame	Bahr Ouandja	17 Février
489	Antilope Jackson	—	—
490	Kob sauteur du Bahr Ouandja	—	—
491	Oiseau Marabout	—	—
492	Têtes d'hippopotames	—	—
493	Massacres d'hippopotames	—	—
494	Girafe (tête)	Ouanda Djalle	18 Février
495	Chien sauvage des forêts	—	—
496	Elan dit du Cap	—	—
497	Singe Mangaby blanc en famille	Yalinga	—
498	Singe Mangaby	—	—

499	Tête de buffle roux de la rivière Kotto	Ouadda	19 Février
500	Termitière de l'Oubangui		
501	Traces de pachydermes		
502	Daim rouge	Ouadda	19 Février
503	Singe cynocéphale	—	—
504	Antilope harnachée	—	—
505	Daim rouge	—	—
506	Daim rouge	—	—
507	Jeune antilope harnachée (rivière Pipi)	—	—
508	Groupes biches M'Bele (daims bleus)	Yalinga	20 Février
509	Bœuf à cornes géantes du Tchad	Bahr el Gazal	—
510	Singe vert	Yalinga	26 Février
511	Chevrotains de la forêt		
512	Serpent sur branche	Bangassou	27 Février
513	Civette mouchetée	Yalinga	—
514	Chouette		
515	Mangouste sauvage		
516	Oiseau du crépuscule (Angoulvant).	Birao	28 Février

RÉGION DU CONGO BELGE

517	Musaraignes éléphants	Bas Uelé	18 Février
518	Ecureuil volant	—	—
519	Grosse mangouste	—	—
520	Civette noire	—	—

521	Ecrevisse géante de l'Uelé	Bas Uelé	18 Février
522	Faux Gavial de la rivière Likati	Bonga	8 Mars
523	Calao oiseau singe de la forêt équatoriale	Buta	14 Mars
524	Tortue de l'Uelé	—	14 Mars
525	Lézard de forêt	Niangara	—
526	Défenses d'éléphant	Dongou	—
527	Cornes de rhinocéros du Congo Belge	—	—
528	Gallinacé de la forêt, dit « BOLICOCCO »	Buta	14 Mars
529	Caïman de l'Uelé	—	15 Mars
530	Poisson silure des marais	—	—
531	Poisson de la rivière LIKATI	—	—
532	Pangolin du Congo Belge	—	—
533	Digitigrade de la forêt équatoriale	—	—
534	Vitrine d'oiseaux du Congo Belge de	Bangassou à Niangara	—
535	Antilope Kob Alezane du Congo Belge	Mabellini	1er Avril
536	Buffle noir du Congo Belge	—	—
537	Buffle noir du Congo Belge	—	—
538	Buffle noir du Congo Belge	Bodkinga	3 Avril

539	Buffle noir du Congo Belge	Bodkinga	3 Avril
540	Buffle noir du Congo Belge	—	—
541	Buffle noir du Congo Belge	—	—
542	Buffle noir du Congo Belge	—	—
543	Buffle noir du Congo Belge	—	—
544	Eléphant du Congo belge	—	—
545	Eléphant du Congo Belge	—	—
546	Crâne d'éléphant du Congo Belge	—	—
547	Crâne d'éléphant du Congo Belge	—	—
548	Rhinocéros blanc (tête)	—	—
549	Rhinocéros blanc	—	—
550	Rhinocéros blanc bébé	—	—
551	Pied de rhinocéros	—	—
552	Pied d'éléphant	—	—

RÉGION DES GRANDS-LACS

553	Tortue des Grands-Lacs (Lac Victoria Nyanza)	Entebbe	Avril
554	Zèbre des Grands-Lacs (Lac Tanganyika).	Kindoa-Irangi	—
555	Gnou des Grands-Lacs	—	—

556	Chauve-souris fructivore	Dar-es-Salam	Avril

RÉGION DU CANAL DE MOZAMBIQUE ET DE MADAGASCAR

557	Caméléon du Mozambique	Can. Mozambique	
558	Chauve-souris fructivore de Madagascar	Majunga	Mai
559	Chauve-souris fructivore de Madagascar	—	—
560	Lémurien de la côte Ouest de Madagascar	—	—
561	Lémurien de la côte Est de Madagascar	Tananarive	—
562	Tortue de Madagascar (côte Ouest)	Majunga	—
563	Hérisson du Canal de Mozambique	—	—
564	Chirogale de Mozambique dit Galago	Mozambique	—
565	Chirogale de Madagascar	Tananarive	Juin
566	Lémuriens de la côte Est de Madagascar	Tananarive	Juin
567	Echidné de Madagascar	—	—
568	Caïmans de la Betsibouka (Madagascar)	Marovoay	—
569	Vitrine d'oiseaux Madagascar, de Majunga à Tananarive	Tananarive	—

570	Dents de squale de l'Océan Indien	Juillet
571	Poissons armés de la mer Rouge	
572	Poissons fossiles de Nossi-Bé.	

PIÈCES DIVERSES ET ENTOMOLOGIE

573	Vitrines coraux	Océan Indien
574	9 tubes reptiles	Tchad, Oubangui, Congo, Mozambique
575	8 tubes larves, pyriapodes, crustacés	Congo
576	9 tubes batraciens	Oubangui-Chari
577	9 tubes batraciens et lézards	Oubangui-Congo
578	9 tubes larbes parasites de la vertèbre cervicale de l'éléphant. Myriapodes	Grands lacs
579	9 tubes entomologie	Congo
580	10 tubes insectes (entomologie)	Oubangui
581	10 tubes insectes (entomologie)	Congo
582	8 tubes insectes (entomologie)	Tchad
583	14 tubes insectes et batraciens	Congo
584	13 tubes insectes et batraciens	Congo
585	14 tubes insectes (entomologie)	Ouganda
586	14 tubes insectes	Tanganyika
587	14 tubes insectes	Buta
588	15 tubes insectes	Haut Uelé
589	17 tubes insectes	Grands Lacs
590	17 tubes insectes (mouches tsé-tsé)	Congo
591	6 tubes vie des termites	Oubangui
592	4 tubes reptiles	Oubangui, Mozambique, Madagascar

593	4 tubes reptiles	Congo Tchad
594	4 tubes reptiles	Mozambique Grands Lacs Tchad
595	4 tubes reptiles	Mozambique Grands Lacs Oubangui
596	4 tubes reptiles	Mozambique Oubangui
597	4 tubes caméléons, reptiles	Niger
598	4 tubes caméléons	Tchad
599	3 tubes caméléons	Congo Mozambique
600	4 tubes caméléons	Congo Mozambique
601	1 vitrine coquilles	Océan Indien
602	1 vitrine coquilles	Océan Indien
603	1 vitrine coquilles	Océan Indien
604	3 cuves batraciens et poissons	Congo
605	5 cuves batraciens, poissons, crustacés	Congo
606	4 cuves fœtus	Congo
607	4 cuves lézards	Congo
608	5 cuves batraciens et posisons	Congo
609	3 cuves poissons, batraciens, lézards	Congo
610	5 cuves lézards, poissons, crustacés, batraciens, cheloniens	Congo
611	1 vitrine insectes (entomologie)	Congo
612	1 vitrine insectes numétisme	Mozambique
613	1 vitrine insectes longicornes	Madagascar
614	1 vitrine insectes longicornes	Madagascar
615	1 vitrine insectes cétoines	Malgache
616	1 vitrine insectes (entomologie)	Tanganyika

617	1 vitrine insectes cétoines	Malgache
618	1 vitrine insectes charançons africains	
619	1 vitrine insectes coprophages	Congo
620	1 vitrine parasites de gros mammifères	Tchad, Oubangui, Congo
621	1 vitrine insectes (entomologie)	Congo Belge
622	1 vitrine coquilles	M'Bar Ouandja
623	1 vitrine coquilles	Océan Indien
624	1 vitrine coquilles	Océan Indien
625	1 vitrine coquille eaux douces du	Centre-Africain
626	1 vitrine insectes (entomologie)	Malgache
627	1 vitrine insectes (entomologie)	Malgache
628	1 vitrine insectes (entomologie)	Ouganda
629	1 vitrine insectes (entomologie)	Tanganyika
630	1 vitrine insectes (entomologie)	Tanganyika
631	1 vitrine insectes (entomologie)	Mozambique
632	1 vitrine insectes (entomologie)	Madagascar
633	1 vitrine arachnides et scorpions	
634	1 vitrine insectes entomologie nocturne	
635	1 vitrine papillons savane	
636	1 vitrine papillons sable	
637	1 vitrine papillons	Hauts-Plateaux
638	1 vitrine papillons	Forêt équatoriale
639	1 vitrine papillons	Mozambique
640	1 vitrine papillons	Madagascar
641	1 vitrine papillons	Madagascar
642	1 vitrine papillons	Madagascar
643	1 vitrine papillons	Madagascar
644	1 vitrine papillons urania et mouches tricolores	Mozambique Madagascar et Mozambique
645	1 vitrine papillons	Forêt équatoriale

646	1 vitrine papillons	Marais
647	1 vitrine papillons	Marais
648	1 vitrine	Madagascar
649	1 vitrine	
650	1 vitrine	
651	1 vitrine	
652	1 vitrine	
653	1 vitrine	
654	1 vitrine insectes entomologie	Malgache
655	1 vitrine Buprestes du Sahara à	Madagascar
656	1 vitrine Bousiers du Sahara à	Madagascar
657	1 vitrine Buprestes	Madagascar
658	1 vitrine entomologie	Canal de Mozambique
659	1 vitrine Goliaths	Congo
660	4 vitrines entomologie	Niger, Tchad, Congo, Mozambique

TRAVERSÉE DU SAHARA EN AUTOCHENILLES

Décembre-Janvier 1923

(1re Mission HAARDT-AUDOUIN DUBREUIL)

661	Massacre de gazelle	tuée à Kidal	3	Janvier
662	Massacre de gazelle	— Tabankort	4	—
663	Défense de Phacochère	— Taberichat	4	—
664	Massacre de gazelle	tuée à Tombouctou	8	Janvier
665	Massacre d'antilope Oryx	— Bourem	4	—
666	Massacre de gazelle	— Kabara	14	—
667	Caïman du Niger	— Borri	23	—
668	Massacre de gazelle	— Salia Koïra	28	—
669	Massacre d'antilope Oryx	— Gao	3	Février

VENTE DE PHOTOGRAPHIES

PHOTOGRAPHIES
PRISES AU COURS DE LA
CROISIÈRE NOIRE

EN VENTE DANS LES SALLES DE LA SECTION PHOTOGRAPHIQUE

				PRIX	
Format	24 × 30	collées sur carton.	Frs.	27	pièce.
—	24 × 30	en feuilles..	—	17	—
—	13 × 18	collées sur carton.	—	6	—
—	13 × 18	en feuilles..	—	3	—

www.ingramcontent.com/pod-product-compliance
Ingram Content Group UK Ltd.
Pitfield, Milton Keynes, MK11 3LW, UK
UKHW022148170726
13837UKWH00004B/1850

9 782329 179100